Antonio Giuliani

Proverbi e modi di dire Dialettali di Rignano Garganico

Youcanprint

Titolo | Proverbi e modi di dire Dialettali di Rignano Garganico
Autore | Antonio Giuliani
ISBN | 978-88-31627-13-9

Youcanprint
Via Marco Biagi 6 - 73100 Lecce
www.youcanprint.it
info@youcanprint.it

T.A.L.I.A

Rəgnanə, rignə quandə, vu che non cə ' ngnanə.

Rignano, regna quanto ti pare, tanto io lì su non ci salgo.

La frase è attribuita a Ferdinando II di Borbone, re di Napoli, in sosta presso Casone del Re e fa riferimento alla posizione dominante e da sparviero del paese, ma, nonostante la superba altezza di Rignano, il Re non volle prendere in considerazione la scalata per i tratturi e le mulattiere.

Reign over us as much as you like.No way
Am I coming il there

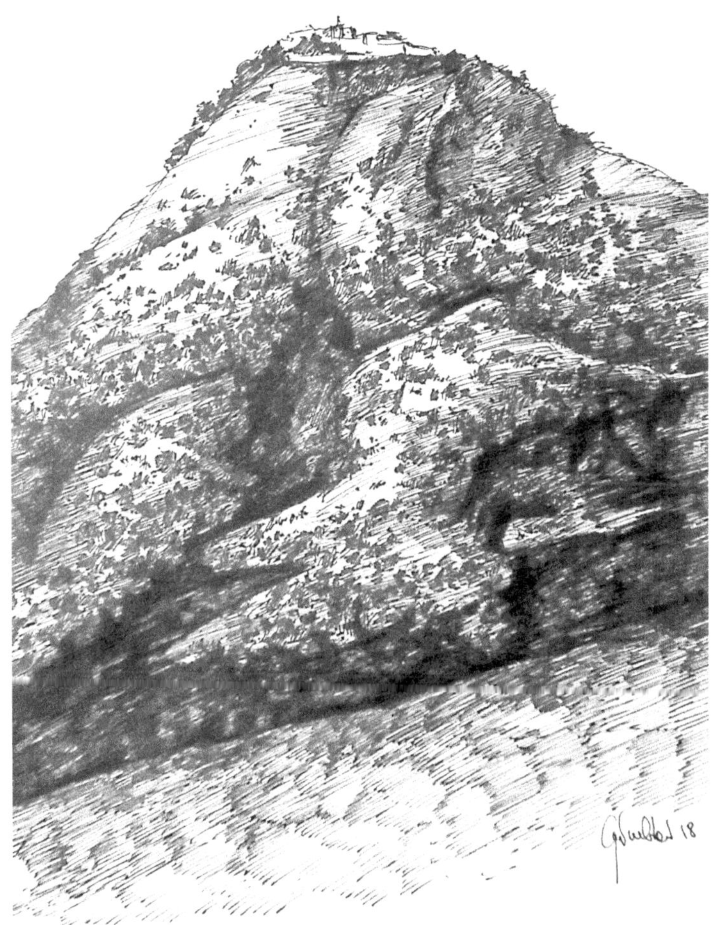

La Gatta alla finestra

Una mattina, una gatta si mise un bel fiocco al collo e si affacciò alla finestra. Passò davanti alla finestra un' asinello e le chiese che cosa stesse facendo. La gatta risposa che si voleva maritare, ma prima di scegliere il marito voleva sentire la voce.

L'asino ragliò e la gatta, dopo aver sentito la voce, disse: "Passa avanti che non ti voglio!"

Passò il montone, il gallo, il cane ma la gatta non gradiva i loro versi, così li respinse tutti.

Alla fine passò di lì un topolino e chiese: "Comare gatta, che fai alla finestra?" e la gatta subito rispose: "Mi voglio maritare e se tu mi vuoi, fammi sentire la tua voce." Il topolino squittì alzandosi sulle zampe posteriori. Allora la gatta disse con calore: "Sali sopra, è te che voglio. Sali sopra, è te che voglio!"
Il topolino, allora, salì correndo per le scale, e non appena fu a tiro, la gatta lo inghiottì in un solo boccone!

La jattə alla fənəstrə cə vo' marətà.

La gatta alla finestra si vuole maritare

Oltre alla storia testé raccontata, il detto si riferisce anche all'atteggiamento delle donne che, per maritarsi, si mettono alla vista di eventuali pretendenti.

The Cat in the Window

One Morning a cat put a nice blue bow round her neck and sat in the Window.A donkey passed by and asked what She was doing.The cat repleid She wanted to marry,but before choosing a husband she needed to heare his voice.The donkey neighed for the cat,after hearing his voice she said " go on I dont't want You".A ram,cock and dog passed by but the cat didn't like anyone, so She refused them all'.In the end a mouse cane by and asked,old Friends what are you doing at the Windows? The cat repleid at once "I want to marry and if you want me let me heare your voice.The mouse squeaked and stood on his hind legs.Then the cat said warmly"come up,it's you I' want".The mouse then ran up the stairs, and as soon as he was in her range she gobbled him up in One go.

La jattə alla fənəstrə cə vo' marəta'.

La gatta alla finestra si vuole maritare

The cat in the window

Ti conosco,ciliegio

Un contadino aveva un bellissimo albero di ciliegio che in primavera si riempiva di fiori, ma non aveva mai fatto una ciliegia. Così il contadino, stanco di tutto questo, decise, a alla fine, di abbatterlo. Passò di lì un falegname e vedendo l' albero a terra decise di comprarlo. Quando l'albero fu scorticato, il falegname vide che era di un colore rosso vivo e brillante e decise di scolpire col legno una statua della Madonna. Venne alla fine fuori una statua molto bella che venne posta in chiesa vicino all'altare e una domenica mattina, il contadino andò in chiesa e notò una donna inginocchiata davanti alla statua che pregava per ricevere una grazia dalla Madonna. L'uomo guardò attentamente la statua e riconobbe il legno del vecchio ciliegio e commentò così:

Tə canoschə cərasə

Ti conosco da quando eri ciliegio

Con questo però intendiamo che ti conosco da quando eri giovane, proprio in riferimento al detto del contadino che conosceva il legno da quando era un giovane albero. Ma andando avanti a riflettere si intende che, così come l'albero portava fiori e mai frutti, la statua non avrebbe fatto la grazia perché fatta da un albero infruttuoso; non faceva frutti, figuriamoci i miracoli. L'espressione poi è diventata un modo di dire in relazione alle persone che si conoscono da lungo tempo e quindi si sa quanto valgono e che non sono quello che vogliono farci credere. Ti conosco bene dunque.

I know you cherry

A Farmer had a beatiful cherry tree and in the
Summer It blossomed, in full flower,but It never
Had any cherries.
So the farmer, fed up with this decided, in the end
To chop It down.A carpenter was passing and on
Seeing the tree decided to buy It.When he took the
Bari off he saw that It was a live,brillant Red and
decided to sculture a statue of pur lady with the tree.
In the end It became a beatiful statue end was placed
In church, near the altar.One Sunday morning the
Farmer went to church and notice a Lady knelt in
Fronte of the statue praying to the statue of pur Lady
For a grace.The Farmer looked carefully at the statue
and recognised his old cherry tree and said I know
you from when you where a cherry tree.

Tə canoschə cərasə

Ti conosco da quando eri ciliegio

I know you from when you were a cherry tree

La 'ccuntə

Il racconto - favola

Compare lupo e comare volpe

Compare lupo e comare volpe, un giorno, andavano in giro per il bosco in cerca di qualcosa da mangiare. Comare volpe dice a compare lupo: "C'è un posto dove il padrone conserva la ricotta e il formaggio e c'è un buco nel muro da dove possiamo entrare ed abbuffarci". La volpe mangiava e andava a misurarsi al buco, il lupo invece mangiava e si riempiva la pancia come un otre. Al sentire arrivare il padrone, comare volpe uscì dal buco dopo essersi sporcata la testa di ricotta, mentre compare lupo, con la pancia piena, non riuscendo ad uscire dal buco rimase dentro. Arrivò il padrone, che aveva un bastone e diede tante botte al lupo, tanto che la sua testa divenne molle come un fico. Piano piano, con la testa che gli faceva male, compare lupo si incamminò verso il bosco e vicino ad un muretto incontrò comare volpe, con la testa sporca di ricotta, che gli fece credere che il padrone a forza di botte le aveva fatto uscire le cervella di fuori. Comare volpe fece finta di stare così male che compare lupo dovette portarla in groppa. E compare lupo, intenerito, con la volpe in groppa, durante il tragitto si lamentava:

Tentinə e təntanə, lu ruttə portə 'nguddə lu sanə.

Dagli e dagli, alla fine il rotto porta sulle spalle il sano.

Fairytale

Old pals the Wolf and the Fox these Teo old pals were out walking in the woods.The fox said to the wolf " I know avere the master keeps ricotta and other cheeses, and I know there's a home to get insider and western cancellare stuff pur faces.The Fox started eating and now and again went to measure the hole After eating.The wolf just kept on eating and getting fuller and fuller.The fox on hearing the master coming got out of the hole, with hosting head covered in ricotta.The wolf in the other Hans was so full he couldn't get out.The master arrived with a stick in via hand and gave the Wolf a good beating,so much so his head looked like a ripe fig.Slowly with a bere bad headache the wolf made his way to the woods,and near a wall met his old Pal the Fox, whose head was covered in ricotta.He esplained that the master had beat him so much in the head his brain was uncovered.The fox pretended to be so ill his pal,the wolf carried him on his back the wolf pimed his pal,but with the fox on his back during the journey he moaned and groaned:
Twinkle twinkle in the end the brokenl carry the healthy.

Tentinə təntanə, Lu ruttə portə 'nguddə Lu sanə

Dagli e dagli, alla fine il rotto porta sulle spalle il
sano.

Twinkle twinkle in the end the brokenl carry the
healthy

Si fattə comə na varda vecchiə.

Sei diventato come una sella vecchia.

Si intende che sei vecchio ed aggrinziito; è un modo
ironico per puntualizzare
che l'età ha lasciato ormai i suoi segni.

You've become like an old saddle

Li uajə. Vennə a cavaddə e cə ne vannə alla 'ppidə.

I guai arrivano a cavallo e vanno via a piedi.

Vale a dire: i guai arrivano in fretta e stentano ad andarsene .

Problems arrive on horseback but go away on foot

Si pecurə tə fa, lu lupə tə magnə.

Se diventi pecora, il lupo ti mangia.

Nel senso che se ti rassegni e diventi mansueto, il
Piu' forte ti sopraffa'

Is you turno intorno a Lamb the wolf
Will est you up.

L'arəvələ cadutə: accettə, accettə!

Albero a terra caduto: dai con l'accetta.

Quando qualcuno è a terra, tutti gli danno addosso.

The trees fallen down, go get the hatchet

La mugghierə l'ha missə la vənneddə 'ncapə.

La moglie gli ha messo la veste in testa .

Cioè, la moglie ha preso il sopravvento rendendo anche ridicolo il marito.

She pulled the wool over his eyes

La vocchə je' quantə na cerasə e cə frechə La terrə, la vignə e la casə.

La bocca è grande come una ciliegia, ma si mangia terra, vigna e casa.

Pur essendo piccola, la bocca mangia la proprietà, ovvero la gola e la poca parsimonia distruggono il capitale.

The mouth is as big a cherry but can swallow up Land vineyards and houses.

Quannə lu diavələ t'accarezzə, vo l'anəmə.

Quando il diavolo ti accarezza vuole l'anima.

Quando qualcuno ti gira intorno e ti fa le moine, significa che vuole qualcosa da te e che non lo fa spassionatamente o per semplice affetto.

When the devil caresses, he's After your soul

Lu culə mijə n'ha fattə quantə n'ha vəlutə, mo jə cupirtə də vəllutə.

Il mio culo, ha fatto quello che ha voluto ed ora è coperto di velluto.

My backside did everything It wanted and now is
Covered in Velvet.

Chəlorə də canə quannə fujə.

Colore di un cane che corre.

Il colore chiaramente è indistinto ed è un modo per prendere in giro affermando un colore che non c'è o comunque un colore che, per quanto il cane corra, rimane invariato e pertanto non lo si vuole dire e si vuole tagliar corto.

You' re coloured like a running dog

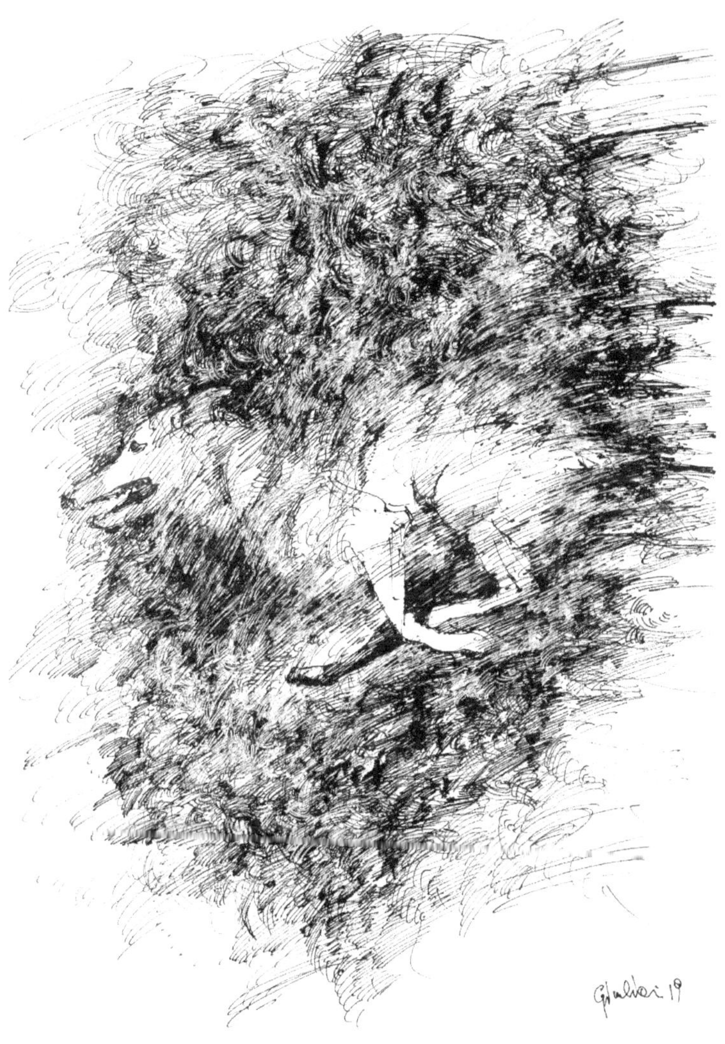

Lu canə suspettə abbajə alla lunə.

Il cane sospettoso abbaia alla luna.

Chi è sospettoso si allarme per niente e quindi si allarma solo perché c'è la luna nel cielo o perché il vento muove le foglie.

The suspicious dog barcks at the moon

Scazzamurriddə

E' un folletto dispettoso: fa rumore, nasconde soldi
e cose……..

The cheeky Fairy makes a lot of doise,hides
money and other obiects.

Alla vicchiezzə c'ie missə li cavəzettə roscə

In vecchiaia ha messo le calze rosse

Reaching old age She puts on red socks

Lu saziə non credə allu dəjunə.

Chi è sazio non crede a chi ha fame.

Giusta osservazione che fa risaltare un'amara verità e che si può allargare a chi soffre ed a chi è nel bisogno e che spesso non viene creduto da chi sta bene e vive nell'abbondanza e non solo non si preoccupa del dolore altrui, ma addirittura neanche gli vuo le credere, pensando che l'altro dica le cose tanto per dirle o solo per essere commiserato .

He who is full does not believe in who is hungry

Aprilə fa lu sciorə e maggə javə l'onorə.

Aprile fa il fiore e Maggio ha l'onore.

Aprile compie il lavoro e la preparazione, ma anzichè dividersi il merito, il tutto va a Maggio. Cioè chi porta a compimento un'opera.

Aprile makes the flower and May has the honour.

Postfazione

Se si cerca l'origine antica di un popolo, più antica di tutti i reperti storico-archeologici, allora bisogna rivolgersi alla lingua ed alle parole, che resistono più a lungo e sono all'inizio dell'avventura di un popolo nel mondo. Il sostrato linguistico infatti permette di ravvisare vicinanze, differenze e spostamenti di razze ed etnie nel corso della storia. Quindi, se vogliamo conoscere un popolo, dobbiamo rivolgerci alla lingua ed alla lingua più originaria possibile. Pertanto dobbiamo andare alla lingua comune dei nostri antenati, a quella parlata, che ancora resiste e mantiene la sua integrità. Ed il parlato vivo della nostra terra, la terra garganica, è stato il dialetto; dico è stato perché dalla formazione del regno d' talia in poi il dialetto ha dovuto cedere il campo alla lingua nostra comune: l'italiano (si confronti a tal proposito T. De Mauro, Storia linguistica dell'Italia unita, Bari, Laterza, 1963).

I dialetti, a seguito di evoluzioni storiche e sociali, abbandonano il proprio sostrato linguistico antico e si avvicinano sempre di più all'italiano standard, a tal punto che stanno man mano scomparendo; questo fenomeno è più visibile nelle grandi città, dove il bisogno di capirsi spinge all'uso di una lingua comune comprensibile a tutti. Dove resistono di più sono nei posti isolati con pochi scambi linguistici, come le colline e le montagne prive di turismo e la nostra terra è uno di questi luoghi: chiuso sulla montagna rocciosa alla vista di tutti. Ci rimane solo il nostro dialetto che ci ostiniamo a parlare da secoli e difendiamo, pur sapendo di dover soccombere, dal dominio linguistico dell'italiano e delle lingue straniere. Precisiamo subito che la differenza sostanziale tra lingua e dialetto sta nell'impossibilità di quest'ultimo di avere autonomia linguistica e di uniformarsi nelle sue forme ed evoluzioni.

I detti dialettali, i racconti ed i proverbi, che si tramandano da nonni a nipoti e la cui origine sembra lontana perché non si riesce a risalire indietro nel tempo in quanto non esiste affatto una tradizione scritta, rappresentano l'esperienza e la saggezza popolare e fanno parte della nostra breve storia, anche se ci piace considerarla antichissima. Tra l'altro, a ben vedere, molto di quanto trascritto appartiene alla cultura meridionale in genere e ci sono tracce un po' ovunque di detti, proverbi e favole simili, ma a noi piace sentirle nostre e solo nostre e vorremmo farle passare come una nostra invenzione.

Il proverbio, poi, sicuramente, si pone come il punto più alto della cultura povera di pastori e contadini affamati e sfruttati che non hanno mai imparato la lezione. Nonostante tutti i proverbi e le esperienze, gli uomini e le donne di questo mondo antico sono come il lupo che, rotto, porta sulle spalle la volpe sana. Sono come i personaggi dei romanzi e dei racconti di Verga, che conoscono tutti i proverbi e quindi si servono di mille anni di esperienze altrui, diventate ormai assiomi col lungo ripetersi nel tempo, ma che vengono sempre battuti e non imparano mai (prendete tutte le opere veriste dell'autore catanese e avrete conferma di tutto ciò). La scelta, infine, di quanto trascritto dal dialetto, voluta dall'artista Antonio Giuliani, è stata fatta credo con l'intento di cercare un contatto avvicinandosi alla lingua nazionale standard, che le sta sopra come struttura e riferimento.

Non esistono, infatti, dialetti autonomi, poiché, per quanto importante siano, come il milanese, il napoletano, il veneziano, etc., appartengono a gruppi dialettali e si evolvono seguendo il procedere del cambiamento della lingua a cui fanno riferimento, l'italiano appunto. Per intenderci, il sardo, pur essendo un parlato meno rilevante di qualche dialetto testé citato, è una lingua romanza come l'italiano o lo spagnolo o il francese, proprio perché così come l'italiano, lo spagnolo o il francese ha la propria autonomia linguistica ed indipendenza nell'allontanarsi dalla lingua d'origine.

Il nostro dialetto, il rignanese, appartiene ai dialetti centro-meridionali e più in particolare al ceppo napoletano o italoromanzo meridionale intermedio e con questo e con tutti gli altri dialetti della fascia media condivide famigliarità morfologiche, fonetiche e sintattiche.

Quando si è iniziato a considerare la possibilità di usare il Dialetto per mantener la forma originaria dell'espressione popolare, il primo problema che è venuto fuori è stato quello della trascrizione. L'uso della trascrizione fonetica è stato subito escluso perché si rivolgeva ad un pubblico di specialisti ed escludeva la quasi totalità delle persone e poco si confaceva a presentare i temi d'ispirazione di un concorso. Quindi si è pensato alla trascrizione letterale.

Con la terra ed il paesaggio circostante e per dare la possibilità a chi leggerà di ricavare dalle storie, dai detti e dai proverbi delle immagini che indissolubilmente si legheranno insieme a quello che li circonda. L'antico si legherà al moderno attraverso l'immagine, sperando che la parola avrà vita nuova nelle pitture degli artisti.

Venanzio Ponziano

Afferward

If you'are looking for the origins of an ancient Population, more ancient even than archeological Remains,then you Need to look at the languace, and Words, which resist more than anything and are the Start of the Adventure of people the world.Languace Substratum recognizes closeness,differences and Movements of races and ethinic patterns in history. So this,if we want to know the people,we gave ti

Look at their languacge,especially the original languacge od these people.Therefore we have to look at the common languace of our ancestors to the spoken languacge,which stilo resist and maintains

it's integraty.It's the Livingstone speach of our Land, Gargano, It was the Dialect; I say It was because when the Italian Kingdom was formed our Dialect had to give way to the common languace,Italian.(In this regard T De Mauro,history of a United languace, Bari Laterza,1963.

Dialect, after the social and storical evolution abbandoned the ancient languace and became closer and closer to the Italiano standards to the

point that they are disappearing;this Phenomena is more evidentemente in the big cities,where you have

to understand and be understood, pushing the use

of a common understood le languace for everyone.

Dialects resist in isolated,small communities, like the

Hills and Mountains where there's no turism,

like our territory: closed in the Mountain, but in sight

of everyone.We are left with our Dialect, which we

insist on speaking from centuries and defending, even knowing we have to succumb to the dominion

of the Italian and Foreign languace.

Let,s make It clear now, at once, the substantial

Differences between languacge and dialects is in th ioe Impossibility of the last to have a languace autonomy

In it's shape, during Evolution.Dialectual Sayings, and

Stories handed down from grandparents to grandchildren and their origins seem so far away because there are no written translations.

They rappresent experiences and popular knowledge,

and are part of our Short Story, even if we would like to think of them as antique.On the other hand, we can see that most of the transcription belong, to the

Southern culture generally and there are traces everywhere of similar Sayings, stories and fairytales,

but we like to male It pura and only our invention.

Proverbs, are an importante partecipare in pole cultures of shepherds and farmers, who were starved

of education, and never had lessons.Nevertheless all the proverbs and experiences of this old world, for men and women traces everywhere of similar Sayings,stories and fairytales,but we like to make It

ours and only our invention.Proverbs, are an important parte in poor cultures of shepherds and

farmers, who were starved of education, and never

had lessons.Nevertheless all the proverbs and experiences of this old world, for men and women

are like the brokenl Wolf who carried the healthy Fox.

Then like the people in Vergas stories,who know all' the proverbs and so use thousands of years of other

Peoples experiences and become axiom with repeating in time,but they lose every time and dont'

Ever learn(take all the required pieces of the Catanese authority and you will have everything confirmed)

The choice,in the end of WhatsApp has been transcription was desired by the Artist, Antonio Giuliani,gas been,I think fine with the intention of

Finding a connection.

Venanzio Ponziano

Youcanprint
Finito di stampare nel mese di giugno 2019